D0645279

Le partage du sensible

esthétique et politique

Jacques Rancière

Le partage du sensible

esthétique et politique

La fabrique
éditions

Du même auteur

Aux Éditions de La Fabrique
Aux bords du politique, 1998

Chez d'autres éditeurs
La Nuit des prolétaires. Archives du rêve ouvrier,
Fayard, 1981 ; rééd. Hachette/Pluriel, 1997

Le Philosophe et ses pauvres, Fayard, 1983

*Le Maître ignorant. Cinq leçons sur l'émancipation
intellectuelle*, Fayard, 1987

Courts voyages au pays du peuple, Le Seuil, 1990

Les Noms de l'histoire. Essai de poétique du savoir,
Le Seuil, 1992

La Mésentente. Politique et philosophie, Galilée, 1995

Mallarmé. La politique de la sirène, Hachette, 1996

Arrêt sur histoire (avec Jean-Louis Comolli),
Centre Georges-Pompidou, 1997

*La Parole muette. Essai sur les contradictions
de la littérature*, Hachette, 1998

La Chair des mots. Politique de l'écriture, Galilée, 1998

Édition
Louis-Gabriel Gauny, *Le Philosophe plébéien*,
Presses universitaires de Vincennes, 1985

La Fabrique-éditions
9, rue Saint-Roch
75001 Paris
lafabrique@free.fr
Diffusion : Les Belles Lettres

© 2000, La Fabrique-éditions
Conception graphique :
Jérôme Saint-Loubert Bié/design dept.
Impression : Imprimerie Floch, Mayenne
ISBN 978-2 913372 05 4

Sommaire

Avant-propos — 7

1. Du partage du sensible et des rapports qu'il établit entre politique et esthétique — 12

2. Des régimes de l'art et du faible intérêt de la notion de modernité — 26

3. Des arts mécaniques et de la promotion esthétique et scientifique des anonymes — 46

4. S'il faut en conclure que l'histoire est fiction. Des modes de la fiction — 54

5. De l'art et du travail. En quoi les pratiques de l'art sont et ne sont pas en exception sur les autres pratiques — 66

Notes — 74

Avant-propos

Les pages qui suivent obéissent à une double sollicitation. À leur origine, il y a eu les questions posées par deux jeunes philosophes, Muriel Combes et Bernard Aspe, pour leur revue *Alice* et plus spécialement pour sa rubrique « La fabrique du sensible ». Cette rubrique s'intéresse aux actes esthétiques comme configurations de l'expérience, qui font exister des modes nouveaux du sentir et induisent des formes nouvelles de la subjectivité politique. C'est dans ce cadre qu'ils m'ont interrogé sur les conséquences des analyses que mon livre *La Mésentente* avait consacrées au partage du sensible qui est l'enjeu de la politique, donc à une certaine esthétique de la politique. Leurs questions, suscitées aussi par une réflexion nouvelle sur les grandes théories et expériences avant-gardistes de la fusion de l'art et de la vie, commandent la structure du texte qu'on va lire. Mes réponses ont été développées et leurs présuppositions, autant que possible,

explicitées, à la demande d'Eric Hazan et
Stéphanie Grégoire.

Mais cette sollicitation particulière s'inscrit dans un contexte plus général. La mul-
tiplication des discours dénonçant la crise
de l'art ou sa captation fatale par le discours, la généralisation du spectacle ou
la mort de l'image, indiquent assez que le
terrain esthétique est aujourd'hui celui où
se poursuit une bataille qui porta hier sur
les promesses de l'émancipation et les illusions et désillusions de l'histoire. Sans
doute la trajectoire du discours situation-
niste, issu d'un mouvement artistique
avant-gardiste de l'après-guerre, devenu
dans les années 1960 critique radicale de
la politique et aujourd'hui absorbé dans
l'ordinaire du discours désenchanté qui
fait la doublure « critique » de l'ordre existant, est-elle symptomatique des allers et
retours contemporains de l'esthétique et de
la politique, et des transformations de la
pensée avant-gardiste en pensée nostal-
gique. Mais ce sont les textes de Jean-
François Lyotard qui marquent le mieux la
façon dont « l'esthétique » a pu devenir,
dans les vingt dernières années, le lieu
privilégié où la tradition de la pensée critique s'est métamorphosée en pensée du
deuil. La réinterprétation de l'analyse kan-

tienne du sublime importait dans l'art ce concept que Kant avait situé au-delà de l'art, pour mieux faire de l'art un témoin de la rencontre de l'imprésentable qui désempare toute pensée – et, par là, un témoin à charge contre l'arrogance de la grande tentative esthético-politique du devenir-monde de la pensée. Ainsi la pensée de l'art devenait le lieu où se prolongeait, après la proclamation de la fin des utopies politiques, une dramaturgie de l'abîme originaire de la pensée et du désastre de sa méconnaissance. Nombre de contributions contemporaines à la pensée des désastres de l'art ou de l'image monnaient en une prose plus médiocre ce retournement principiel.

Ce paysage connu de la pensée contemporaine définit le contexte où s'inscrivent ces questions et réponses, mais non point leur objectif. Il ne s'agit pas ici de revendiquer à nouveau, contre le désenchantement post-moderne, la vocation avant-gardiste de l'art ou l'élan d'une modernité liant les conquêtes de la nouveauté artistique à celles de l'émancipation. Ces pages ne procèdent pas du souci d'une intervention polémique. Elles s'inscrivent dans un travail à long terme qui vise à rétablir les conditions d'intelligibilité d'un débat. Cela veut dire d'abord élaborer le sens même de

ce qui est désigné par le terme d'esthétique : non pas la théorie de l'art en général ou une théorie de l'art qui le renverrait
à ses effets sur la sensibilité, mais un régime
spécifique d'identification et de pensée des
arts : un mode d'articulation entre des
manières de faire, des formes de visibilité de
ces manières de faire et des modes de pensabilité de leurs rapports, impliquant une
certaine idée de l'effectivité de la pensée.
Définir les articulations de ce régime
esthétique des arts, les possibles qu'elles
déterminent et leurs modes de transformation, tel est l'objectif présent de ma
recherche et d'un séminaire tenu depuis
quelques années dans le cadre de l'uni-
versité Paris-VIII et du Collège interna-
tional de philosophie. On n'en trouvera
pas ici les résultats, dont l'élaboration sui-
vra son rythme propre. J'ai, en revanche,
essayé de marquer quelques repères, historiques et conceptuels, propres à reposer
certains problèmes que brouillent irrémé-
diablement des notions qui font passer pour
déterminations historiques des *a priori*
conceptuels et pour déterminations concep-
tuelles des découpages temporels. Au premier rang de ces notions figure bien sûr
celle de modernité, principe aujourd'hui
de tous les pêle-mêle qui entraînent

ensemble Hölderlin ou Cézanne, Mallarmé, Malevitch ou Duchamp dans le grand tourbillon où se mêlent la science cartésienne et le parricide révolutionnaire, l'âge des masses et l'irrationalisme romantique, l'interdit de la représentation et les techniques de la reproduction mécanisée, le sublime kantien et la scène primitive freudienne, la fuite des dieux et l'extermination des Juifs d'Europe. Indiquer le peu de consistance de ces notions n'entraîne évidemment aucune adhésion aux discours contemporains du retour à la simple réalité des pratiques de l'art et de ses critères d'appréciation. La connexion de ces « simples pratiques » avec des modes de discours, des formes de la vie, des idées de la pensée et des figures de la communauté n'est le fruit d'aucun détournement maléfique. En revanche, l'effort pour la penser oblige à déserter la pauvre dramaturgie de la fin et du retour, qui n'en finit pas d'occuper le terrain de l'art, de la politique et de tout objet de pensée.

1. Du partage du sensible et des rapports qu'il établit entre politique et esthétique

Dans La Mésentente[1], *la politique est questionnée à partir de ce que vous appelez le « partage du sensible ». Cette expression donne-t-elle à vos yeux la clef de la jonction nécessaire entre pratiques esthétiques et pratiques politiques ?*

J'appelle partage du sensible ce système d'évidences sensibles qui donne à voir en même temps l'existence d'un commun et les découpages qui y définissent les places et les parts respectives. Un partage du sensible fixe donc en même temps un commun partagé et des parts exclusives. Cette répartition des parts et des places se fonde sur un partage des espaces, des temps et des formes d'activité qui détermine la manière même dont un commun se prête à participation et dont les uns et les autres ont part à ce partage. Le citoyen, dit Aristote, est celui qui *a part* au fait de gouverner et d'être gouverné. Mais une autre forme de partage précède cet avoir part : celui qui détermine ceux qui y ont part. L'animal parlant, dit Aristote, est un animal politique. Mais l'esclave, s'il comprend le langage, ne le « possède » pas. Les artisans, dit Platon, ne peuvent s'occuper des choses communes parce qu'ils n'ont *pas le temps* de se consacrer à autre chose que leur travail. Ils ne peuvent pas être *ailleurs* parce que *le travail n'attend pas*. Le partage du sensible fait voir qui peut avoir part au commun en fonction de ce qu'il fait, du temps et de l'espace dans lesquels cette activité s'exerce. Avoir telle ou telle « occupation » définit ainsi des compétences ou des incompétences au commun. Cela définit le fait d'être ou non visible dans un espace commun, doué d'une parole commune, etc. Il y a donc, à la base de la politique, une « esthétique » qui n'a rien à voir avec cette « esthétisation de la politique », propre à l'« âge des masses », dont parle Benjamin. Cette esthétique n'est pas à entendre au sens d'une saisie perverse de la politique par une volonté d'art, par la pensée du peuple comme œuvre d'art. Si l'on tient à l'analogie, on peut l'entendre en un sens kantien – éventuellement revisité par Foucault –, comme le système des formes *a priori* déterminant ce qui se donne à ressentir. C'est un découpage des temps et des espaces, du visible et de l'invisible, de la parole et du bruit qui définit à la fois le lieu et l'enjeu de la politique comme forme d'expérience. La politique porte sur ce qu'on voit et ce qu'on peut en dire, sur qui a la compétence pour voir et la qualité pour dire, sur les propriétés des espaces et les possibles du temps.

C'est à partir de cette esthétique première que l'on peut poser la question des « pratiques esthétiques », au sens où nous l'entendons, c'est-à-dire des formes de visibilité des pratiques de l'art, du lieu qu'elles occupent, de ce qu'elles « font » au regard du commun. Les pratiques artistiques sont des « manières de faire » qui interviennent dans la distribution générale des manières de faire et dans leurs rapports avec des manières d'être et des formes de visibilité. Avant de se fonder sur le contenu immoral des fables, la proscription platonicienne des poètes se fonde sur l'impossibilité de faire deux choses en même temps. La question de la fiction est d'abord une question de distribution des lieux. Du point de vue platonicien, la scène du théâtre, qui est à la fois l'espace d'une activité publique et le lieu d'exhibition des « fantasmes », brouille le partage des identités, des activités et des espaces. Il en va de même pour l'écriture : en s'en allant rouler à droite et à gauche, sans savoir à qui il faut ou il ne faut pas parler, l'écriture détruit toute assise légitime de la circulation de la parole, du rapport entre les effets de la parole et des positions des corps dans l'espace commun. Platon dégage ainsi deux grands modèles, deux grandes formes d'existence et d'effectivité sensible de la parole, le théâtre et l'écriture – qui seront aussi des formes de structuration pour le régime des arts en général. Or celles-ci s'avèrent d'emblée compromises avec un certain régime de la politique, un régime d'indétermination des identités, de délégitimation des positions de parole, de dérégulation des partages de l'espace et du temps. Ce régime esthétique de la politique est proprement celui de la démocratie, le régime de l'assemblée des artisans, des lois écrites intangibles et de l'institution théâtrale. Au théâtre et à l'écriture, Platon oppose une troisième forme, une bonne *forme de l'art*, la forme *chorégraphique* de la communauté qui chante et danse sa propre unité. En somme Platon dégage trois manières dont des pratiques de la parole et du corps proposent des figures de communauté. Il y a la surface des signes muets : surface des signes qui sont, dit-il, comme des peintures. Et il y a l'espace du mouvement des corps qui se divise lui-même en deux modèles antagoniques. D'un côté, il y a le mouvement des simulacres de la scène, offert aux identifications du public. De l'autre, il y a le mouvement authentique, le mouvement propre des corps communautaires.

La surface des signes « peints », le dédoublement du théâtre, le rythme du chœur dansant : on a là trois formes de partage du sensible structurant la manière dont des arts peuvent être perçus et pensés comme arts *et* comme formes d'inscription du sens de la communauté. Ces formes définissent la manière dont des œuvres ou performances « font de la politique », quels que soient par ailleurs les intentions qui y président, les modes d'insertion sociaux des artistes ou la façon dont les formes artistiques réfléchissent les structures ou les mouvements sociaux. Lorsque paraissent *Madame Bovary* ou *L'Éducation sentimentale*, ces ouvrages sont tout de suite perçus comme « la démocratie en littérature », malgré la posture aristocratique et le conformisme politique de Flaubert. Son refus même de confier à la littérature aucun message est considéré comme un témoignage de l'égalité démocratique. Il est démocrate, disent ses adversaires, par son parti pris de peindre au lieu d'instruire. Cette égalité d'indifférence est la conséquence d'un parti pris poétique : l'égalité de tous les sujets, c'est la négation de tout rapport de nécessité entre une forme et un contenu déterminés. Mais cette indifférence, qu'est-elle en définitive sinon l'égalité même de tout ce qui advient sur une page d'écriture, disponible pour tout regard ? Cette égalité détruit toutes les hiérarchies de la représentation et institue aussi la communauté des lecteurs comme communauté sans légitimité, communauté dessinée par la seule circulation aléatoire de la lettre.

Il y a ainsi une politicité sensible d'emblée attribuée à des grandes formes de partage esthétique comme le théâtre, la page ou le chœur. Ces « politiques » suivent leur logique propre et elles reproposent leurs services à des époques et dans des contextes très différents. Pensons à la manière dont ces paradigmes ont fonctionné dans le nœud art/politique à la fin du XIXᵉ siècle et au début du XXᵉ. Pensons par exemple au rôle assumé par le paradigme de la page sous ses différentes formes, qui excèdent la matérialité de la feuille écrite : il y a la démocratie romanesque, la démocratie indifférente de l'écriture telle que la symbolisent le roman et son public. Mais il y a aussi la culture typographique et iconographique, cet entrelacement des pouvoirs de la lettre et de l'image, qui a joué un rôle si important à la Renaissance et que les vignettes, culs-de-lampe et innovations diverses de la typographie romantique ont réveillée. Ce modèle brouille les règles de correspondance à distance entre le dicible et le visible, propres à la logique représentative. Il brouille aussi le partage entre les œuvres de l'art pur et les décorations de l'art appliqué. C'est pourquoi il a joué un rôle si important – et généralement sous-estimé – dans le bouleversement du paradigme représentatif et dans ses implications politiques. Je pense notamment à son rôle dans le mouvement *Arts and Crafts* et dans tous ses dérivés (Arts décoratifs, Bauhaus, constructivisme) où s'est définie une idée du mobilier – au sens large – de la communauté nouvelle, qui a aussi inspiré une idée nouvelle de la surface picturale comme surface d'écriture commune.

Le discours moderniste présente la révolution picturale abstraite comme la découverte par la peinture de son « medium » propre : la surface bidimensionnelle. La révocation de l'illusion perspectiviste de la troisième dimension rendrait à la peinture la maîtrise de sa surface propre. Mais précisément cette surface n'a rien de propre. Une « surface » n'est pas simplement une composition géométrique de lignes. C'est une forme de partage du sensible. Écriture et peinture étaient pour Platon des surfaces équivalentes de signes muets, privés du souffle qui anime et transporte la parole vivante. Le plat, dans cette logique, ne s'oppose pas au profond, au sens du tridimensionnel. Il s'oppose au « vivant ». C'est à l'acte de parole « vivant », conduit par le locuteur vers le destinataire adéquat, que s'oppose la surface muette des signes peints. Et l'adoption par la peinture de la troisième dimension fut aussi une réponse à ce partage. La reproduction de la profondeur optique a été liée au privilège de l'*histoire*. Elle a participé, au temps de la Renaissance, à la valorisation de la peinture, à l'affirmation de sa capacité de saisir un acte de parole vivant, le moment décisif d'une action et d'une signification. La poétique classique de la représentation a voulu, contre l'abaissement platonicien de la *mimesis*, douer le « plat » de la parole ou du « tableau » d'une vie, d'une profondeur spécifique, comme manifestation d'une action, expression d'une intériorité ou transmission d'une signification. Elle a instauré entre parole et peinture, entre dicible et visible un rapport de correspondance à distance, donnant à l'« imitation » son espace spécifique.

C'est ce rapport qui est en question dans la prétendue distinction du bidimensionnel et du tridimensionnel comme « propres » de tel ou tel art. C'est alors sur le plat de la page, dans le changement de fonction des « images » de la littérature ou le changement du discours sur le tableau, mais aussi dans les entrelacs de la typographie, de l'affiche et des arts décoratifs, que se prépare pour une bonne part la « révolution anti-représentative » de la peinture. Cette peinture, si mal dénommée abstraite et soi-disant ramenée à son medium propre, est partie prenante d'une vision d'ensemble d'un nouvel homme logé dans de nouveaux édifices, entouré d'objets différents. Sa planitude est liée à celle de la page, de l'affiche ou de la tapisserie.Elle est celle d'un interface. Et sa « pureté » anti-représentative s'inscrit dans un contexte d'entrelacement de l'art pur et de l'art appliqué, qui lui donne d'emblée une signification politique. Ce n'est pas la fièvre révolutionnaire environnante qui fait en même temps de Malevitch l'auteur du *Carré noir sur fond blanc* et le chantre révolutionnaire des

« nouvelles formes de vie ». Et ce n'est pas quelque idéal théâtral de l'homme nouveau qui scelle l'alliance momentanée entre politiques et artistes révolutionnaires. C'est d'abord dans l'interface créé entre des « supports » différents, dans les liens tissés entre le poème et sa typographie ou son illustration, entre le théâtre et ses décorateurs ou affichistes, entre l'objet décoratif et le poème, que se forme cette « nouveauté » qui va lier l'artiste abolissant la figuration au révolutionnaire inventant la vie nouvelle. Cet interface est politique en ce qu'il révoque la double politique inhérente à la logique représentative. D'un côté celle-ci séparait le monde des imitations de l'art et le monde des intérêts vitaux et des grandeurs politico-sociales. De l'autre son organisation hiérarchique – et notamment le primat de la parole/action vivante sur l'image peinte – faisait analogie à l'ordre politico-social. Avec le triomphe de la page romanesque sur la scène théâtrale, l'entrelacement égalitaire des images et des signes sur la surface picturale ou typographique, la promotion de l'art des artisans au grand art et la prétention nouvelle de mettre de l'art dans le décor de toute vie, c'est tout un découpage ordonné de l'expérience sensible qui chavire.

C'est ainsi que le « plat » de la surface des signes peints, cette forme de partage égalitaire du sensible stigmatisée par Platon, intervient en même temps comme principe de révolution « formelle » d'un art et principe de re-partage politique de l'expérience commune. On pourrait de la même manière réfléchir aux autres grandes formes, celle du chœur et du théâtre que je mentionnais et d'autres. Une histoire de la politique esthétique, entendue en ce sens, doit prendre en compte la manière dont ces grandes formes s'opposent ou s'entremêlent. Je pense par exemple à la manière dont ce paradigme de la surface des signes/formes s'est opposé ou mêlé au paradigme théâtral de la présence – et aux diverses formes que ce paradigme a pu prendre lui-même, de la figuration symboliste de la légende collective au chœur en acte des hommes nouveaux. La politique se joue là comme rapport de la scène et de la salle, signification du corps de l'acteur, jeux de la proximité ou de la distance. Les proses critiques de Mallarmé mettent exemplairement en scène le jeu des renvois, oppositions ou assimilations entre ces formes, depuis le théâtre intime de la page ou la chorégraphie calligraphique jusqu'à l'« office » nouveau du concert.

D'un côté donc ces formes apparaissent comme porteuses de figures de communauté égales à elles-mêmes dans des contextes très différents. Mais inversement elles sont susceptibles d'être assignées à des paradigmes politiques contradictoires. Prenons l'exemple de la scène tragique. Pour Platon, elle est porteuse du syndrome démocratique en même temps que de la puissance de l'illusion. En isolant la *mimesis* dans son espace propre, et en circonscrivant la tragédie dans une logique des genres, Aristote redéfinit, même si ce n'est pas son propos, sa politicité. Et, dans le système classique de la représentation, la scène tragique sera la scène de visibilité d'un monde en ordre, gouverné par la hiérarchie des sujets et l'adaptation des situations et manières de parler à cette hiérarchie. Le paradigme démocratique sera devenu un paradigme monarchique. Pensons aussi à la longue et contradictoire histoire de la rhétorique et du modèle du « bon orateur ». Tout au long de l'âge monarchique, l'éloquence démocratique démosthénienne a signifié une excellence de la parole, elle-même posée comme l'attribut imaginaire de la puissance suprême, mais aussi toujours disponible pour reprendre sa fonction démocratique, en prêtant ses

formes canoniques et ses images consacrées à l'apparition transgressive sur la
scène publique de locuteurs non autorisés.
Pensons encore aux destins contradictoires
du modèle chorégraphique. Des travaux
récents ont rappelé les avatars de l'écriture du mouvement élaborée par Laban
dans un contexte de libération des corps et
devenue le modèle des grandes démons-
trations nazies, avant de retrouver, dans le
contexte contestataire de l'art performan-
ciel, une nouvelle virginité subversive.
L'explication benjaminienne par l'esthétisation fatale de la politique à « l'ère des
masses » oublie peut-être le lien très ancien
entre l'unanimisme citoyen et l'exaltation du
libre mouvement des corps. Dans la cité
hostile au théâtre et à la loi écrite, Platon
recommandait de bercer sans trêve les
nourrissons.

J'ai cité ces trois formes à cause de leur
repérage conceptuel platonicien et de leur
constance historique. Elles ne définissent
évidemment pas la totalité des manières
dont des figures de communauté se trouvent
esthétiquement dessinées. L'important,
c'est que c'est à ce niveau-là, celui du
découpage sensible du commun de la communauté, des formes de sa visibilité et de
son aménagement, que se pose la ques-

tion du rapport esthétique/politique. C'est à partir de là qu'on peut penser les interventions politiques des artistes, depuis les formes littéraires romantiques du déchiffrement de la société jusqu'aux modes contemporains de la performance et de l'installation, en passant par la poétique symboliste du rêve ou la suppression dadaïste ou constructiviste de l'art. À partir de là peuvent se remettre en cause bien des histoires imaginaires de la « modernité » artistique et des débats vains sur l'autonomie de l'art ou sa soumission politique. Les arts ne prêtent jamais aux entreprises de la domination ou de l'émancipation que ce qu'ils peuvent leur prêter, soit, tout simplement, ce qu'ils ont de commun avec elles : des positions et des mouvements des corps, des fonctions de la parole, des répartitions du visible et de l'invisible. Et l'autonomie dont ils peuvent jouir ou la subversion qu'ils peuvent s'attribuer reposent sur la même base.

2. Des régimes de l'art et du faible intérêt de la notion de modernité

Certaines des catégories les plus centrales pour penser la création artistique du XXᵉ siècle, à savoir celles de modernité, d'avant-garde et, depuis quelque temps, de post-modernité, se trouvent avoir également un sens politique. Vous semblent-elles d'un quelconque intérêt pour concevoir en des termes précis ce qui attache « l'esthétique » au « politique » ?

Je ne crois pas que les notions de modernité et d'avant-garde aient été bien éclairantes pour penser ni les formes nouvelles de l'art depuis le siècle dernier, ni les rapports de l'esthétique au politique. Elles mêlent en effet deux choses bien différentes : l'une est celle de l'historicité propre à un régime des arts en général. L'autre est celle des décisions de rupture ou d'anticipation qui s'opèrent à l'intérieur de ce régime. La notion de modernité esthétique recouvre, sans lui donner aucun concept, la singularité d'un régime particulier des arts, c'est-à-dire d'un type spécifique de lien entre des modes de production d'œuvres ou de pratiques, des formes de visibilité de ces pratiques et de modes de conceptualisation des unes et des autres.

Un détour s'impose ici pour éclairer cette notion et situer le problème. À l'égard de ce que nous appelons *art*, on peut en effet distinguer, dans la tradition occidentale, trois grands régimes d'identification. Il y a d'abord ce je propose d'appeler un régime éthique des images. Dans ce régime, « l'art » n'est pas identifié tel quel, mais se trouve subsumé sous la question des images. Il y a un type d'êtres, les images, qui est l'objet d'une double question : celle de leur origine et, en conséquence, de leur teneur de vérité ; et celle de leur destination : des usages auxquels elles servent et des effets qu'elles induisent. Relève de ce régime la question des images de la divinité, du droit ou de l'interdiction d'en produire, du statut et de la signification de celles que l'on produit. En relève aussi toute la polémique platonicienne contre les simulacres de la peinture, du poème et de la scène. Platon ne soumet pas, comme on le dit souvent, l'art à la politique. Cette distinction même n'a pas pour lui de sens. L'art n'existe pas pour lui, mais seulement des arts, des manières de faire. Et c'est parmi eux qu'il trace la ligne de partage : il y a des arts véritables, c'est-à-dire des savoirs fondés sur l'imitation d'un modèle à des fins définies, et des simulacres d'art qui imitent des simples apparences. Ces imitations, différenciées par leur origine, le sont ensuite par leur destination : par la manière dont les images du poème donnent aux enfants et aux spectateurs citoyens une certaine éducation et s'inscrivent dans le partage des occupations de la cité. C'est en ce sens que je parle de régime éthique des images. Il s'agit dans ce régime de savoir en quoi la manière d'être des images concerne l'*ethos*, la manière d'être des individus et des collectivités. Et cette question empêche l'« art » de s'individualiser comme tel[2].

Du régime éthique des images se sépare le régime poétique – ou représentatif – des arts. Celui-ci identifie le fait de l'art – ou plutôt des arts – dans le couple *poiesis/mimesis*. Le principe mimétique n'est pas en son fond un principe normatif disant que l'art doit faire des copies ressemblant à leurs modèles. Il est d'abord un principe pragmatique qui isole, dans le domaine général des arts (des manières de faire), certains arts particuliers qui exécutent des choses spécifiques, à savoir des imitations. Ces imitations sont soustraites à la fois à la vérification ordinaire des produits des arts par leur usage et à la législation de la vérité sur les discours et les images. Telle est la grande opération effectuée par l'élaboration aristotélicienne de la *mimesis* et par le privilège donné à l'action tragique. C'est le *fait* du poème, la fabrication d'une intrigue agençant des actions représentant des hommes agissant, qui vient au premier plan, au détriment de l'*être* de l'image, copie interrogée sur son modèle. Tel est le principe de ce changement de fonction du modèle dramatique dont je parlais plus haut. Ainsi le principe de délimitation externe d'un domaine consistant des imitations est-il en même temps un principe normatif d'inclusion. Il se développe en formes de normativité qui définissent les conditions selon lesquelles des imitations peuvent être reconnues comme appartenant en propre à un art et appréciées, dans son cadre, comme bonnes ou mauvaises, adéquates ou inadéquates : partages du représentable et de l'irreprésentable, distinction des genres en fonction des représentés, principes d'adaptation des formes d'expression aux genres, donc aux sujets représentés, distribution des ressem-

blances selon des principes de vraisemblance, convenance ou correspondances,
critères de distinction et de comparaison
entre arts, etc.

J'appelle ce régime *poétique* au sens où il
identifie les arts – ce que l'âge classique
appellera les « beaux-arts » – au sein d'une
classification des manières de faire, et définit en conséquence des manières de bien
faire et d'apprécier les imitations. Je l'appelle
représentatif, en tant que c'est la notion de
représentation ou de *mimesis* qui organise
ces manières de faire, de voir et de juger.
Mais, encore une fois, la *mimesis* n'est pas
la loi qui soumet les arts à la ressemblance.
Elle est d'abord le pli dans la distribution des
manières de faire et des occupations
sociales qui rend les arts visibles. Elle n'est
pas un procédé de l'art mais un régime de
visibilité des arts. Un régime de visibilité
des arts, c'est à la fois ce qui autonomise des
arts mais aussi ce qui articule cette autonomie à un ordre général des manières de
faire et des occupations. C'est ce que j'évo-
quais tout à l'heure à propos de la logique
représentative. Celle-ci entre dans un rapport d'analogie globale avec une hiérarchie globale des occupations politiques et
sociales : le primat représentatif de l'action
sur les caractères ou de la narration sur la

description, la hiérarchie des genres selon la dignité de leurs sujets, et le primat même de l'art de la parole, de la parole en acte, entrent en analogie avec toute une vision hiérarchique de la communauté.

À ce régime représentatif s'oppose le régime que j'appelle esthétique des arts. *Esthétique*, parce que l'identification de l'art ne s'y fait plus par une distinction au sein des manières de faire, mais par la distinction d'un mode d'être sensible propre aux produits de l'art. Le mot d'esthétique ne renvoie pas à une théorie de la sensibilité, du goût et du plaisir des amateurs d'art. Il renvoie proprement au mode d'être spécifique de ce qui appartient à l'art, au mode d'être de ses objets. Dans le régime esthétique des arts, les choses de l'art sont identifiées par leur appartenance à un régime spécifique du sensible. Ce sensible, soustrait à ses connexions ordinaires, est habité par une puissance hétérogène, la puissance d'une pensée qui est elle-même devenue étrangère à elle-même : produit identique à du non-produit, savoir transformé en non-savoir, *logos* identique à un pathos, intention de l'inintentionnel, etc. Cette idée d'un sensible devenu étranger à lui-même, siège d'une pensée elle-même devenue étrangère à elle-même, est le noyau invariable des identifications de l'art qui configurent originellement la pensée esthétique : découverte par Vico du « véritable Homère » comme poète malgré lui, « génie » kantien ignorant de la loi qu'il produit, « état esthétique » schillérien, fait de la double suspension de l'activité d'entendement et de la passivité sensible, définition schellingienne de l'art comme identité d'un processus conscient et d'un processus inconscient, etc. Elle parcourt de même les auto-définitions des arts propres à l'âge moderne : idée proustienne du livre entièrement calculé et absolument soustrait à la volonté ; idée mallarméenne du poème du spectateur-poète, écrit « sans appareil de scribe » par les pas de la danseuse illettrée ; pratique surréaliste de l'œuvre exprimant l'inconscient de l'artiste avec les illustrations démodées des catalogues ou feuilletons du siècle précédent ; idée bressonienne du cinéma comme pensée du cinéaste prélevée sur le corps des « modèles » qui, en répétant sans y penser les paroles et gestes qu'il leur dicte, manifestent à son insu et à leur insu leur vérité propre, etc.

Inutile de poursuivre les définitions et les exemples. Il faut en revanche marquer le cœur du problème. Le régime esthétique des arts est celui qui proprement identifie l'art au singulier et délie cet art de toute règle spécifique, de toute hiérarchie des sujets, des genres et des arts. Mais il le fait en faisant voler en éclats la barrière mimétique qui distinguait les manières de faire de l'art des autres manières de faire et séparait ses règles de l'ordre des occupations sociales. Il affirme l'absolue singularité de l'art et détruit en même temps tout critère pragmatique de cette singularité. Il fonde en même temps l'autonomie de l'art et l'identité de ses formes avec celles par lesquelles la vie se forme elle-même. L'*état esthétique* schillérien qui est le premier – et, en un sens, indépassable – manifeste de ce régime marque bien cette identité fondamentale des contraires. L'état esthétique est pur suspens, moment où la forme est éprouvée pour elle-même. Et il est le moment de formation d'une humanité spécifique.

À partir de là, on peut comprendre les fonctions jouées par la notion de modernité. On peut dire que le régime esthétique des arts est le nom véritable de ce que désigne l'appellation confuse de modernité. Mais la « modernité » est plus qu'une appellation confuse. La « modernité » sous ses différentes versions est le concept qui s'ap-

plique à occulter la spécificité de ce régime
des arts et le sens même de la spécificité des
régimes de l'art. Il trace, pour l'exalter ou
la déplorer, une ligne simple de passage
ou de rupture entre l'ancien et le moderne,
le représentatif et le non-représentatif ou
l'anti-représentatif. Le point d'appui de
cette historicisation simpliste a été le passage à la non-figuration en peinture. Ce
passage a été théorisé dans une assimilation sommaire avec un destin global anti-
mimétique de la « modernité » artistique.
Lorsque les chantres de cette modernité-là
ont vu les lieux où ce sage destin de la
modernité s'exhibait envahis par toutes
sortes d'objets, machines et dispositifs non
identifiés, ils ont commencé à dénoncer la
« tradition du nouveau », une volonté d'in-
novation qui réduirait la modernité artistique au vide de son auto-proclamation.
Mais c'est le point de départ qui est mau-
vais. Le saut hors de la *mimesis* n'est en rien
le refus de la figuration. Et son moment
inaugural s'est souvent appelé *réalisme*,
lequel ne signifie aucunement la valorisation de la ressemblance mais la destruction
des cadres dans lesquels elle fonctionnait.
Ainsi le réalisme romanesque est d'abord le
renversement des hiérarchies de la représentation (le primat du narratif sur le des-

criptif ou la hiérarchie des sujets) et l'adoption d'un mode de focalisation fragmenté ou
rapproché qui impose la présence brute
au détriment des enchaînements ration-
nels de l'histoire. Le régime esthétique des
arts n'oppose pas l'ancien et le moderne. Il
oppose plus profondément deux régimes
d'historicité. C'est au sein du régime mimétique que l'ancien s'oppose au moderne.
Dans le régime esthétique de l'art, le futur
de l'art, son écart avec le présent du non-
art, ne cesse de remettre en scène le passé.

Ceux qui exaltent ou dénoncent la « tradition du nouveau » oublient en effet que
celle-ci a pour strict complément la « nouveauté de la tradition ». Le régime esthétique des arts n'a pas commencé avec des
décisions de rupture artistique. Il a commencé avec des décisions de réinterprétation de ce que fait ou ce qui fait l'art : Vico
découvrant le « véritable Homère », c'est-
à-dire non pas un inventeur de fables et de
caractères mais un témoin du langage et de
la pensée imagées des peuples de l'ancien
temps ; Hegel marquant le vrai sujet de la
peinture de genre hollandaise : non point
des histoires d'auberge ou des descriptions
d'intérieurs, mais la liberté d'un peuple,
imprimée en reflets de lumière ; Hölderlin
réinventant la tragédie grecque ; Balzac

opposant la poésie du géologue qui recons-
titue des mondes à partir de traces et de fos-
siles à celle qui se contente de reproduire
quelques agitations de l'âme ; Mendelsohn
rejouant la *Passion selon saint Mathieu*, etc.
Le régime esthétique des arts est d'abord
un régime nouveau du rapport à l'ancien.
Il constitue en effet comme principe même
d'artisticité ce rapport d'expression d'un
temps et d'un état de civilisation qui, aupa-
ravant, était la part « non-artistique » des
œuvres (celle que l'on excusait en invo-
quant la rudesse des temps où avait vécu
l'auteur). Il invente ses révolutions sur la
base de la même idée qui lui fait inventer le
musée et l'histoire de l'art, la notion de
classicisme et les formes nouvelles de la
reproduction... Et il se voue à l'invention de
formes nouvelles de vie sur la base d'une
idée de ce que l'art *a été, aurait été*.
Lorsque les futuristes ou les constructi-
vistes proclament la fin de l'art et l'identification de ses pratiques avec celles qui
édifient, rythment ou décorent les espaces
et les temps de la vie commune, ils proposent une fin de l'art comme identification
avec la vie de la communauté, qui est tri-
butaire de la relecture schillérienne et
romantique de l'art grec comme mode de
vie d'une communauté – tout en commu-

niquant, par ailleurs, avec les nouvelles manières des inventeurs publicitaires qui ne proposent, eux, aucune révolution mais seulement une nouvelle manière de vivre parmi les mots, les images et les marchandises. L'idée de modernité est une notion équivoque qui voudrait trancher dans la configuration complexe du régime esthétique des arts, retenir les formes de rupture, les gestes iconoclastes, etc., en les séparant du contexte qui les autorise : la reproduction généralisée, l'interprétation, l'histoire, le musée, le patrimoine... Elle voudrait qu'il y ait un sens unique alors que la temporalité propre du régime esthétique des arts est celle d'une co-présence de temporalités hétérogènes.

La notion de modernité semble ainsi comme inventée tout exprès pour brouiller l'intelligence des transformations de l'art et de ses rapports avec les autres sphères de l'expérience collective. Il y a, me semble-t-il, deux grandes formes de ce brouillage. Toutes deux s'appuient, sans l'analyser, sur cette contradiction constitutive du régime esthétique des arts qui fait de l'art une *forme autonome de la vie* et pose ainsi en même temps l'autonomie de l'art et son identification à un moment dans un processus d'auto-formation de la vie. Les deux grandes variantes du discours sur la « modernité » s'en déduisent. La première veut une modernité simplement identifiée à l'autonomie de l'art, une révolution « anti-mimétique » de l'art identique à la conquête de la forme pure, enfin mise à nu, de l'art. Chaque art affirmerait alors la pure puissance de l'art en explorant les pouvoirs propres de son medium spécifique. La modernité poétique ou littéraire serait l'exploration des pouvoirs d'un langage détourné de ses usages communicationnels. La modernité picturale serait le retour de la peinture à son propre : le pigment coloré et la surface bidimensionelle. La modernité musicale s'identifierait au langage à douze sons, délivré de toute analogie avec le langage expressif, etc. Et ces modernités spécifiques seraient en rapport d'analogie à distance avec une modernité politique, susceptible de s'identifier, selon les époques, avec la radicalité révolutionnaire ou avec la modernité sobre et désenchantée du bon gouvernement républicain. Ce qu'on appelle « crise de l'art » est pour l'essentiel la déroute de ce paradigme moderniste simple, de plus en plus éloigné des mélanges de genres et de supports comme des polyvalences politiques des formes contemporaines des arts.

Cette déroute est évidemment surdéterminée par la deuxième grande forme du paradigme moderniste, qu'on pourrait appeler *modernitarisme*. J'entends par là l'identification des formes du régime esthétique des arts aux formes d'accomplissement d'une tâche ou d'un destin propre de la modernité. À la base de cette identification, il y a une interprétation spécifique de la contradiction matricielle de la « forme » esthétique. C'est alors la détermination de l'art comme forme et auto-formation de la vie qui est valorisée. Au point de départ il y a cette référence indépassable que constitue la notion schillérienne de l'*éducation esthétique de l'homme*. C'est elle qui a fixé l'idée que domination et servitude sont d'abord des distributions ontologiques (activité de la pensée contre passivité de la matière sensible) et qui a défini un état neutre, un état de double annulation où activité de pensée et réceptivité sensible deviennent une seule réalité, constituent comme une nouvelle région de l'être – celle de l'apparence et du jeu libres – qui rend pensable cette égalité que la Révolution française, selon Schiller, montre impossible à matérialiser directement. C'est ce mode spécifique d'habitation du monde sensible qui doit être développé par l'« éducation esthétique » pour former les hommes susceptibles de vivre dans une communauté politique libre. C'est sur ce socle que s'est construite l'idée de la modernité comme temps voué à l'accomplissement sensible d'une humanité encore latente de l'homme. Sur ce point on peut dire que la « révolution esthétique » a produit une idée nouvelle de la révolution politique, comme accomplissement sensible d'une humanité commune existant seulement encore en idée. C'est ainsi que l'« état esthétique » schillérien est devenu le « programme esthétique » du romantisme allemand, le programme résumé dans ce brouillon rédigé en commun par Hegel, Hölderlin et Schelling : l'accomplissement sensible dans les formes de la vie et de la croyance populaires de la liberté inconditionnelle de la pensée pure. C'est ce paradigme d'autonomie esthétique qui est devenu le paradigme nouveau de la révolution, et a permis ultérieurement la brève mais décisive rencontre des artisans de la révolution marxiste et des artisans des formes de la vie nouvelle. La faillite de cette révolution a déterminé le destin – en deux temps – du modernitarisme. En un premier temps, le modernisme artistique a été opposé, dans son potentiel révolutionnaire authentique de refus et de promesse, à la dégénérescence de la révolution politique. Le surréalisme et l'École de Francfort ont été les principaux vecteurs de cette contre-modernité. En un second, la faillite de la révolution politique a été pensée comme la faillite de son modèle ontologico-esthétique. La modernité est alors devenue quelque chose comme un destin fatal fondé sur un oubli fondamental : essence heideggerienne de la technique, coupure révolutionnaire de la tête du roi et de la tradition humaine, et finalement péché originel de la créature humaine, oublieuse de sa dette envers l'Autre et de sa soumission aux puissances hétérogènes du sensible.

Ce qu'on appelle *postmodernisme* est proprement le processus de ce retournement. En un premier temps, le postmodernisme a mis au jour tout ce qui, dans l'évolution récente des arts et de leurs formes de pensabilité, ruinait l'édifice théorique du modernisme : les passages et mélanges entre arts qui ruinaient l'orthodoxie lessingienne de la séparation des arts ; la ruine du paradigme de l'architecture fonctionnaliste et le retour de la ligne courbe et de l'ornement ; la ruine du modèle pictural/bidimensionnel/abstrait à travers les retours de la figuration et de la signification et la lente invasion de l'espace d'accrochage des peintures par les formes tridimensionnelles et narratives, de l'art-pop à l'art des installations et aux « chambres » de l'art vidéo[3] ; les combinaisons nouvelles de la parole et de la peinture, de la sculpture monumentale et de la projection des ombres et des lumières ; l'éclatement de la tradition sérielle à travers les mélanges nouveaux entre genres, âges et systèmes musicaux. Le modèle téléologique de la modernité est devenu intenable, en même temps que ses partages entre les « propres » des différents arts, ou la séparation d'un domaine pur de l'art. Le postmodernisme, en un sens, a été simplement le nom sous lequel certains artistes et penseurs ont pris conscience de ce qu'avait été le modernisme : une tentative désespérée pour fonder un « propre de l'art » en l'accrochant à une téléologie simple de l'évolution et de la rupture historiques. Et il n'y avait pas vraiment besoin de faire, de cette reconnaissance tardive d'une donnée fondamentale du régime esthétique des arts, une coupure temporelle effective, la fin réelle d'une période historique.

Mais précisément la suite a montré que le postmodernisme était plus que cela. Très vite, la joyeuse licence postmoderne, son exaltation du carnaval des simulacres, métissages et hybridations en tous genres, s'est transformée en remise en cause de cette liberté ou autonomie que le principe modernitaire donnait – ou aurait donné – à l'art la mission d'accomplir. Du carnaval on est alors retourné à la scène primitive. Mais la scène primitive se prend en deux sens : le point de départ d'un processus ou la séparation originelle. La foi moderniste s'était accrochée à l'idée de cette « éducation esthétique de l'homme » que Schiller avait tirée de l'analytique kantienne du beau. Le retournement postmoderne a eu pour socle théorique l'analyse lyotardienne du sublime kantien, réinterprété comme scène d'un écart fondateur entre l'idée et toute présentation sensible. À partir de là, le postmodernisme est entré dans le grand concert du deuil et du repentir de la pensée modernitaire. Et la scène de l'écart sublime est venue résumer toutes sortes de scènes de péché ou d'écart originel : la fuite heideggerienne des dieux ; l'irréductible freudien de l'objet insymbolisable et de la pulsion de mort ; la voix de l'Absolument Autre prononçant l'interdit de la représentation ; le meurtre révolutionnaire du Père. Le postmodernisme est alors devenu le grand thrène de l'irreprésentable/intraitable/irrachetable, dénonçant la folie moderne de l'idée d'une auto-émancipation de l'humanité de l'homme et son inévitable et interminable achèvement dans les camps d'extermination.

La notion d'avant-garde définit le type de sujet convenant à la vision moderniste et propre à connecter selon cette vision l'esthétique et le politique. Son succès tient moins à la connexion commode qu'elle propose entre l'idée artistique de la nouveauté et l'idée de la direction politique du mouvement, qu'à la connexion plus secrète qu'elle opère entre deux idées de l'« avant-garde ». Il y a la notion topographique et militaire de la force qui marche en tête, qui détient l'intelligence du mouvement, résume ses forces, détermine le sens de l'évolution historique et choisit les orientations politiques subjectives. Bref il y a cette idée qui lie la subjectivité politique à une certaine forme – celle du parti, détachement avancé tirant sa capacité dirigeante de sa capacité à lire et interpréter les signes de l'histoire. Et il y a cette autre idée de l'avant-garde qui s'enracine dans l'anticipation esthétique de l'avenir, selon le modèle schillérien. Si le concept d'avant-garde a un sens dans le régime esthétique des arts, c'est de ce côté-là : pas du côté des détachements avancés de la nouveauté artistique, mais du côté de l'invention des formes sensibles et des cadres matériels d'une vie à venir. C'est cela que l'avant-garde « esthétique » a apporté à l'avant-garde « politique », ou qu'elle a voulu et cru lui apporter, en transformant la politique en programme total de vie. L'histoire des rapports entre partis et mouvements esthétiques est d'abord celle d'une confusion, parfois complaisamment entretenue, à d'autres moments violemment dénoncée, entre ces deux idées de l'avant-garde, qui sont en en fait deux idées différentes de la subjectivité politique : l'idée archi-politique du parti, c'est-à-dire l'idée d'une intelligence politique qui résume les conditions essentielles du changement, et l'idée méta-politique de la subjectivité politique globale, l'idée de la virtualité dans les modes d'expérience sensibles novateurs d'anticipations de la communauté à venir. Mais cette confusion n'a rien d'accidentel. Ce n'est pas que, selon la doxa d'aujourd'hui, les prétentions des artistes à une révolution totale du sensible aient fait le lit du totalitarisme. C'est plutôt que l'idée même de l'avant-garde politique est partagée entre la conception stratégique et la conception esthétique de l'avant-garde.

3. Des arts mécaniques et de la promotion esthétique et scientifique des anonymes

Dans l'un de vos textes, vous faites un rapprochement entre le développement des arts « mécaniques » que sont la photographie et le cinéma et la naissance de la « nouvelle histoire »⁴. Pouvez-vous expliciter ce rapprochement ? L'idée de Benjamin selon laquelle, au début de ce siècle, les masses acquièrent en tant que telles une visibilité à l'aide de ces arts, correspond-elle à ce rapprochement ?

Il y a peut-être d'abord une équivoque à lever, concernant la notion des « arts mécaniques ». Ce que j'ai rapproché, c'est un paradigme scientifique et un paradigme *esthétique*. La thèse benjaminienne suppose, elle, une autre chose qui me semble douteuse : la déduction des propriétés esthétiques et politiques d'un art à partir de ses propriétés techniques. Les arts mécaniques induiraient en tant qu'arts *mécaniques* un changement de paradigme artistique et un rapport nouveau de l'art à ses sujets. Cette proposition renvoie à l'une des thèses maîtresses du modernisme : celle qui lie la différence des arts à la différence de leurs conditions techniques ou de leur support ou medium spécifique. Cette assimilation peut s'entendre soit sur le mode moderniste simple, soit selon l'hyperbole modernitaire. Et le succès persistant des thèses benjaminiennes sur l'art au temps de la reproduction mécanique tient sans doute au passage qu'elles assurent entre les catégories de l'explication matérialiste marxiste et celles de l'ontologie heideggerienne, assignant le temps de la modernité au déploiement de l'essence de la technique. De fait, ce lien entre l'esthétique et l'onto-technologique a subi le destin général des catégories modernistes. Au temps de Benjamin, de Duchamp ou de Rodtchenko, il a accompagné la foi dans les pouvoirs de l'électricité et de la machine, du fer, du verre et du béton. Avec le retournement dit « postmoderne », il accompagne le retour à l'icône, celui qui donne le voile de Véronique comme essence à la peinture, au cinéma ou à la photographie.

Il faut donc, à mon avis, prendre les choses à l'envers. Pour que les arts mécaniques puissent donner visibilité aux masses, ou plutôt à l'individu anonyme, ils doivent d'abord être reconnus comme arts. C'est-à-dire qu'ils doivent d'abord être pratiqués et reconnus comme autre chose que des techniques de reproduction ou de diffusion. C'est alors le même principe qui donne visibilité à n'importe qui et fait que la photographie et le cinéma peuvent être des arts. On peut même renverser la formule. C'est parce que l'anonyme est devenu un sujet d'art que son enregistrement peut être un art. Que l'anonyme soit non seulement susceptible d'art mais porteur d'une beauté spécifique, cela caractérise en propre le régime esthétique des arts. Non seulement celui-ci a commencé bien avant les arts de la reproduction mécanique, mais c'est proprement lui qui les a rendus possibles par sa manière nouvelle de penser l'art et ses sujets.

Le régime esthétique des arts, c'est d'abord la ruine du système de la représentation, c'est-à-dire d'un système où la dignité des sujets commandait celle des genres de la représentation (tragédie pour les nobles, comédie pour les gens de peu ; peinture d'histoire contre peinture de genre, etc.). Le système de la représentation définissait, avec les genres, les situations et les formes d'expression qui convenaient à la bassesse ou à l'élévation du sujet. Le régime esthétique des arts défait cette corrélation entre sujet et mode de représentation. Cette révolution se passe d'abord dans la littérature. Qu'une époque et une société se lisent sur les traits, les habits ou dans les gestes d'un individu quelconque (Balzac), que l'égoût soit le révélateur d'une civilisation (Hugo), que la fille du fermier et la femme du banquier soient prises dans la puissance égale du style comme « manière absolue de voir les choses » (Flaubert), toutes ces formes d'annulation ou de renversement de l'opposition du haut et du bas ne précèdent pas seulement les pouvoirs de la reproduction mécanique. Ils rendent possible que celle-ci soit plus que la reproduction mécanique. Pour qu'une manière de faire technique – que ce soit un usage des mots ou de la caméra – soit qualifiée comme appartenant à l'art, il faut d'abord que son sujet le soit. La photographie ne s'est pas constituée comme art en raison de sa nature technique. Le discours sur l'originalité de la photographie comme art « indiciel » est un discours tout récent, qui appartient moins à l'histoire de la photographie qu'à celle du retournement postmoderne évoqué plus haut[5]. La photographie n'est pas non plus devenue art par imitation des manières de l'art. Benjamin le montre bien à propos de

David Octavius Hill : c'est à travers la petite pêcheuse anonyme de New Haven, non par ses grandes compositions picturales, qu'il fait entrer la photographie dans le monde de l'art. De même, ce ne sont pas les sujets éthérés et les flous artistiques du pictorialisme qui ont assuré le statut de l'art photographique, c'est bien plutôt l'assomption du quelconque : les émigrants de *L'Entrepont* de Stieglitz, les portraits frontaux de Paul Strand ou de Walker Evans. D'une part la révolution technique vient après la révolution esthétique. Mais aussi la révolution esthétique, c'est d'abord la gloire du quelconque – qui est picturale et littéraire avant d'être photographique ou cinématographique.

Ajoutons que celle-ci appartient à la science de l'écrivain avant d'appartenir à celle de l'historien. Ce ne sont pas le cinéma et la photo qui ont déterminé les sujets et les modes de focalisation de la « nouvelle histoire ». Ce sont plutôt la science historique nouvelle et les arts de la reproduction mécanique qui s'inscrivent dans la même logique de la révolution esthétique. Passer des grands événements et personnages à la vie des anonymes, trouver les symptômes d'un temps, d'une société ou d'une civilisation dans des détails infimes de la vie ordinaire, expliquer la surface par les couches souterraines et reconstituer des mondes à partir de leurs vestiges, ce programme est littéraire avant d'être scientifique. N'entendons pas seulement que la science historienne a une préhistoire littéraire. C'est la littérature elle-même qui se constitue comme une certaine symptomatologie de la société et oppose cette symptomatologie aux cris et aux fictions de la scène publique. Dans la préface de *Cromwell*, Hugo revendiquait pour la littérature une histoire des mœurs opposée à l'histoire des événements pratiquée par les historiens. Dans *Guerre et paix*, Tolstoï opposait les documents de la littérature, empruntés aux récits et témoignages de l'action des innombrables acteurs anonymes, aux documents des historiens empruntés aux archives – et aux fictions – de ceux qui croient diriger les batailles et faire l'histoire. L'histoire savante a repris à son compte l'opposition lorsqu'elle a opposé à la vieille histoire des princes, des batailles et des traités, fondée sur la chronique des cours et les rapports diplomatiques, l'histoire des modes de vie des masses et des cycles de la vie matérielle, fondée sur la lecture et l'interprétation des « témoins muets ». L'apparition des masses sur la scène de l'histoire ou dans les « nouvelles » images, ce n'est pas d'abord le lien entre l'âge des masses et celui de la science et de la technique. C'est d'abord la logique esthétique d'un mode de visibilité qui, d'une part révoque les échelles de grandeur de la tradition représentative, d'autre part révoque le modèle oratoire de la parole au profit de la lecture des signes sur le corps des choses, des hommes et des sociétés.

C'est de cela que l'histoire savante hérite. Mais elle entend séparer la condition de son nouvel objet (la vie des anonymes) de son origine littéraire et de la politique de la littérature dans laquelle elle s'inscrit. Ce qu'elle laisse tomber – et que le cinéma et la photo reprennent –, c'est cette logique que laisse apparaître la tradition romanesque, de Balzac à Proust et au surréalisme, cette pensée du vrai dont Marx, Freud, Benjamin et la tradition de la « pensée critique » ont hérité : l'ordinaire devient beau comme trace du vrai. Et il devient trace du vrai si on l'arrache à son évidence pour en faire un hiéroglyphe, une figure mythologique ou fantasmagorique. Cette dimension fantasmagorique du vrai, qui appartient au régime esthétique des arts, a joué un rôle essentiel dans la constitution du paradigme critique des sciences humaines et sociales. La théorie marxiste du fétichisme en est le témoignage le plus éclatant : il faut arracher la marchandise à son apparence triviale, en faire un objet fantasmagorique pour y lire l'expression des contradictions d'une société. L'histoire savante a voulu sélectionner dans la configuration esthético-politique qui lui donne son objet. Elle a aplati cette fantasmagorie du vrai dans les concepts sociologiques positivistes de la mentalité/expression et de la croyance/ignorance.

4. S'il faut en conclure que l'histoire est fiction. Des modes de la fiction

Vous vous référez à l'idée de fiction comme essentiellement positive. Que faut-il entendre exactement par là ? Quels sont les liens entre l'Histoire dans laquelle nous sommes « embarqués » et les histoires qui sont racontées (ou déconstruites) par les arts du récit ? Et comment comprendre que les énoncés poétiques ou littéraires « prennent corps », aient des effets réels, plutôt que d'être des reflets du réel ? Les idées de « corps politiques » ou de « corps de la communauté » sont-elles plus que des métaphores ? Cette réflexion engage-t-elle une redéfinition de l'utopie?

Il y a là deux problèmes que certains confondent pour construire le fantôme d'une réalité historique qui ne serait faite que de « fictions ». Le premier problème concerne le rapport entre histoire et historicité, c'est-à-dire le rapport de l'agent historique à l'être parlant. Le second concerne l'idée de fiction et le rapport entre la rationalité fictionnelle et les modes d'explication de la réalité historique et sociale, entre la raison des fictions et la raison des faits.

Le mieux est de commencer par le second, cette « positivité » de la fiction qu'analysait le texte auquel vous vous référez[6]. Cette positivité engage elle-même une double question : il y a la question générale de la rationalité de la fiction, c'est-à-dire de la distinction entre fiction et fausseté. Et il y a celle de la distinction – ou de l'indistinction – entre les modes d'intelligibilité propres à la construction des histoires et ceux qui servent à l'intelligence des phénomènes historiques. Commençons par le commencement. La séparation entre l'idée de fiction et celle de mensonge définit la spécificité du régime représentatif des arts. C'est lui qui autonomise les formes des arts par rapport à l'économie des occupations communes et à la contre-économie des simulacres, propre au régime éthique des images. C'est tout l'enjeu de la *Poétique* d'Aristote. Celle-ci soustrait les formes de la *mimesis* poétique au soupçon platonicien sur la consistance et la destination des images. Elle proclame que l'agencement d'actions du poème n'est pas la fabrication d'un simulacre. Il est un jeu de savoir qui s'exerce dans un espace-temps déterminé. Feindre, ce n'est pas proposer des leurres, c'est élaborer des structures intelligibles. La poésie n'a pas de comptes à rendre sur la « vérité » de ce qu'elle dit, parce que, en son principe, elle est faite non pas d'images ou d'énoncés, mais de fictions, c'est-à-dire d'agencements entre des actes. L'autre conséquence qu'en tire Aristote est la supériorité de la poésie, qui donne une logique causale à un agencement d'événements, sur l'histoire, condamnée à présenter les événements selon leur désordre empirique. Autrement dit – et c'est évidemment une chose que les historiens n'aiment pas regarder de trop près – le clair partage entre réalité et fiction, c'est aussi l'impossibilité d'une rationalité de l'histoire et de sa science.

La révolution esthétique redistribue le jeu en rendant solidaires deux choses : le brouillage des frontières entre la raison des faits et celle des fictions *et* le mode nouveau de rationalité de la science historique. En déclarant que le principe de la poésie n'est pas la fiction mais un certain arrangement des signes du langage, l'âge romantique brouille la ligne de partage qui isolait l'art de la juridiction des énoncés ou des images, et aussi celle qui séparait la raison des faits et celle des histoires. Non pas qu'il ait, comme on le dit quelquefois, consacré l'« autotélisme » du langage, séparé de la réalité. C'est tout le contraire. Il enfonce en effet le langage dans la matérialité des traits par lesquels le monde historique et social se rend visible à lui-même, fût-ce sous la forme du langage muet des choses et du langage chiffré des images. Et c'est la circulation dans ce paysage des signes qui définit la fictionnalité nouvelle : la nouvelle manière de raconter des histoires, qui est d'abord une manière d'affecter du sens à l'univers « empirique » des actions obscures et des objets quelconques. L'agencement fictionnel n'est plus l'enchaînement causal aristotélicien des actions « selon la nécessité et la vraisemblance ». Il est un agencement de signes. Mais cet agencement littéraire des signes n'est aucunement une auto-référentialité solitaire du langage. C'est l'identification des modes de la construction fictionnelle à ceux d'une lecture des signes écrits sur la configuration d'un lieu, d'un groupe, d'un mur, d'un vêtement, d'un visage. C'est l'assimilation des accélérations ou des ralentis du langage, de ses brassages d'images ou sautes de tons, de toutes ses différences de potentiel entre l'insignifiant et le sursignifiant, aux modalités du voyage à travers le paysage des traits significatifs disposés dans la topographie des espaces, la physiologie des cercles sociaux, l'expression silencieuse des corps. La « fictionalité » propre à l'âge esthétique se déploie alors entre deux pôles : entre la puissance de signification inhérente à toute chose muette et la démultiplication des modes de parole et des niveaux de signification.

La souveraineté esthétique de la littérature n'est donc pas le règne de la fiction. C'est au contraire un régime d'indistinction tendancielle entre la raison des agencements descriptifs et narratifs de la fiction et ceux de la description et de l'interprétation des phénomènes du monde historique et social. Quand Balzac installe son lecteur devant les hiéroglyphes entrelacés sur la façade branlante et hétéroclite de *La Maison du chat qui pelote* ou le fait entrer, avec le héros de la *Peau de chagrin*, dans la boutique de l'antiquaire où s'amassent pêle-mêle des objets profanes et sacrés, sauvages et civilisés, antiques et modernes, qui résument chacun un monde, quand il fait de Cuvier le vrai poète reconstituant un monde à partir d'un fossile, il établit un régime d'équivalence entre les signes du roman nouveau et ceux de la description ou de l'interprétation des phénomènes d'une civilisation. Il forge cette rationalité nouvelle du banal et de l'obscur qui s'oppose aux grands agencements aristotéliciens et deviendra la nouvelle rationalité de l'histoire de la vie matérielle opposée aux histoires des grands faits et des grands personnages.

Ainsi se trouve révoquée la ligne de partage aristotélicienne entre deux « histoires » – celle des historiens et celle des poètes –, laquelle ne séparait pas seulement la réalité et la fiction, mais aussi la succession empirique et la nécessité construite. Aristote fondait la supériorité de la poésie, racontant « ce qui pourrait se passer » selon la nécessité ou la vraisemblance de l'agencement d'actions poétique, sur l'histoire, conçue comme succession empirique des événements, de « ce qui s'est passé ». La révolution esthétique bouleverse les choses : le témoignage et la fiction relèvent d'un même régime de sens. D'un côté l'« empirique » porte les marques du vrai sous forme de traces et d'empreintes. « Ce qui s'est passé » relève donc directement d'un régime de vérité, d'un régime de monstration de sa propre nécessité. De l'autre « ce qui pourrait se passer » n'a plus la forme autonome et linéaire de l'agencement d'actions. L'« histoire » poétique désormais articule le réalisme qui nous montre les traces poétiques inscrites à même la réalité et l'artificialisme qui monte des machines de compréhension complexes.

Cette articulation est passée de la littérature au nouvel art du récit, le cinéma. Celui-ci porte à sa plus haute puissance la double ressource de l'impression muette qui parle et du montage qui calcule les puissances de signifiance et les valeurs de vérité. Et le cinéma documentaire, le cinéma voué au « réel » est, en ce sens, capable d'une invention fictionnelle plus forte que le cinéma « de fiction », aisément voué à une certaine stéréotypie des actions et des caractères. *Le Tombeau d'Alexandre* de Chris Marker, objet de l'article auquel vous vous référez, fictionne l'histoire de la Russie du temps des tsars au temps de l'après-communisme à travers le destin d'un cinéaste, Alexandre Medvedkine. Il n'en fait pas un personnage fictionnel, il ne raconte pas d'histoires inventées sur l'URSS. Il joue sur la combinaison de différents types de traces (interviews, visages significatifs, documents d'archives, extraits de films documentaires et fictionnels, etc.) pour proposer des possibilités de penser cette histoire. Le réel doit être fictionné pour être pensé. Cette proposition est à distinguer de tout discours – positif ou négatif – selon lequel tout serait « récit », avec des alternances de « grands » et de « petits » récits. La notion de « récit » nous enferme dans les oppositions du réel et de l'artifice où se perdent également positivistes et déconstructionnistes. Il ne s'agit pas de dire que tout est fiction. Il s'agit de constater que la fiction de l'âge esthétique a défini des modèles de connexion entre présentation de faits et formes d'intelligibilité qui brouillent la frontière entre raison des faits et raison de la fiction, et que ces modes de connexion ont été repris par les historiens et par les analystes de la réalité sociale. Écrire l'histoire et écrire des histoires relèvent d'un même régime de vérité. Cela n'a rien à voir avec aucune thèse de réalité ou d'irréalité des choses. En revanche il est clair qu'un modèle de fabrication des histoires est lié à une certaine idée de l'histoire comme destin commun, avec une idée de ceux qui « font l'histoire », et que cette interpénétration entre raison des faits et raison des histoires est propre à un âge où n'importe qui est considéré comme coopérant à la tâche de « faire » l'histoire. Il ne s'agit donc pas de dire que

« l'Histoire » n'est faite que des histoires que nous nous racontons, mais simplement que la « raison des histoires » et les capacités d'agir comme agents historiques vont ensemble. La politique et l'art, comme les savoirs, construisent des « fictions », c'est-à-dire des réagencements *matériels* des signes et des images, des rapports entre ce qu'on voit et ce qu'on dit, entre ce qu'on fait et ce qu'on peut faire.

Nous retrouvons ici l'autre question qui porte sur le rapport entre littérarité et historicité. Les énoncés politiques ou littéraires font effet dans le réel. Ils définissent des modèles de parole ou d'action mais aussi des régimes d'intensité sensible. Ils dressent des cartes du visible, des trajectoires entre le visible et le dicible, des rapports entre des modes de l'être, des modes du faire et des modes du dire. Ils définissent des variations des intensités sensibles, des perceptions et des capacités des corps. Ils s'emparent ainsi des humains quelconques, ils creusent des écarts, ouvrent des dérivations, modifient les manières, les vitesses et les trajets selon lesquels ils adhèrent à une condition, réagissent à des situations, reconnaissent leurs images. Ils reconfigurent la carte du sensible en brouillant la fonctionnalité des gestes et des rythmes adaptés aux cycles naturels de la production, de la reproduction et de la soumission. L'homme est un animal politique parce qu'il est un animal littéraire, qui se laisse détourner de sa destination « naturelle » par le pouvoir des mots. Cette *littérarité* est la condition en même temps que l'effet de la circulation des énoncés littéraires « proprement dits ». Mais les énoncés s'emparent des corps et les détournent de leur destination dans la mesure où ils ne sont pas des corps, au sens d'organismes, mais des quasi-corps, des blocs de paroles circulant sans père légitime qui les accompagne vers un destinataire autorisé. Aussi ne produisent-ils pas des corps collectifs. Bien plutôt ils introduisent dans les corps collectifs imaginaires des lignes de fracture, de désincorporation. Cela a toujours été, on le sait, l'obsession des gouvernants et des théoriciens du bon gouvernement, inquiets du « déclassement » produit par la circulation de l'écriture. C'est aussi, au XIXᵉ siècle, l'obsession des écrivains « proprement dits » qui écrivent pour dénoncer cette littérarité qui déborde l'institution de la littérature et détourne ses productions. Il est vrai que la circulation de ces quasi-corps détermine des modifications de la perception sensible du commun, du rapport entre le commun de la langue et la distribution sensible des espaces et des occupations. Ils dessinent ainsi des communautés aléatoires qui contribuent à la formation de collectifs d'énonciation qui remettent en question la distribution des rôles, des territoires et des langages – en bref, de ces sujets politiques qui remettent en cause le partage donné du sensible. Mais précisément un collectif politique n'est pas un organisme ou un corps communautaire. Les voies de la subjectivation politique ne sont pas celles de l'identification imaginaire mais de la désincorporation « littéraire »[1].

Je ne suis pas sûr que la notion d'utopie rende bien compte de ce travail. C'est un mot dont les capacités définitionnelles ont été complètement dévorées par ses propriétés connotatives : tantôt la folle rêverie entraînant la catastrophe totalitaire, tantôt, à l'inverse, l'ouverture infinie du possible qui résiste à toutes les clôtures totalisantes. Du point de vue qui nous occupe, qui est celui des reconfigurations du sensible commun, le mot d'utopie est porteur de deux significations contradictoires. L'utopie est le non-lieu, le point extrême d'une reconfiguration polémique du sensible, qui brise les catégories de l'évidence. Mais elle est aussi la configuration d'un bon lieu, d'un

partage non polémique de l'univers sensible, où ce qu'on fait, ce qu'on voit et ce
qu'on dit s'ajustent exactement. Les utopies
et les socialismes utopiques ont fonctionné
sur cette ambiguïté : d'un côté comme
révocation des évidences sensibles dans
lesquelles s'enracine la normalité de la
domination ; de l'autre, comme proposition d'un état de choses où l'idée de la communauté aurait ses formes adéquates
d'incorporation, où serait donc supprimée
cette contestation sur les rapports des
mots aux choses qui fait le cœur de la politique. Dans *La Nuit des prolétaires*, j'avais
analysé de ce point de vue, la rencontre
complexe entre les ingénieurs de l'utopie et
les ouvriers. Ce que les ingénieurs saint-
simoniens proposaient, c'était un nouveau
corps réel de la communauté, où les voies
d'eau et fer tracées sur le sol se substitue-
raient aux illusions de la parole et du
papier. Ce que font les seconds, ce n'est
pas opposer la pratique à l'utopie, c'est
rendre à celle-ci son caractère d'« irréalité », de montage de mots et d'images
propre à reconfigurer le territoire du
visible, du pensable et du possible. Les « fictions » de l'art et de la politique sont ainsi
des hétérotopies plutôt que des utopies.

5. De l'art et du travail. En quoi les pratiques de l'art sont et ne sont pas en exception sur les autres pratiques

Dans l'hypothèse d'une « fabrique du sensible », le lien entre la pratique artistique et son apparent dehors, à savoir le travail, est essentiel. Comment, pour votre part, concevez-vous un tel lien (exclusion, distinction, indifférence...) ? Peut-on parler de « l'agir humain » en général et y englober les pratiques artistiques, ou bien celles-ci sont-elles en exception sur les autres pratiques ?

Dans la notion de « fabrique du sensible », on peut d'abord entendre la constitution d'un monde sensible commun, d'un habitat commun, par le tressage d'une pluralité d'activités humaines. Mais l'idée de « partage du sensible » implique quelque chose de plus. Un monde « commun » n'est jamais simplement l'*ethos*, le séjour commun, qui résulte de la sédimentation d'un certain nombre d'actes entrelacés. Il est toujours une distribution polémique des manières d'être et des « occupations » dans un espace des possibles. C'est à partir de là que l'on peut poser la question du rapport entre l'« ordinarité » du travail et l'« exceptionnalité » artistique. Ici encore la référence platonicienne peut aider à poser les termes du problème. Au troisième livre de la *République*, le miméticien est condamné non plus simplement par la fausseté et par le caractère pernicieux des images qu'il propose, mais selon un principe de division du travail qui a déjà servi à exclure les artisans de tout espace politique commun : le miméticien est, par définition, un être double. Il fait deux choses à la fois, alors que le principe de la communauté bien organisée est que chacun n'y fait qu'une chose, celle à laquelle sa « nature » le destine. En un sens, tout est dit là : l'idée du travail n'est pas d'abord celle d'une activité déterminée, d'un processus de transformation matériel. Elle est celle d'un partage du sensible : une impossibilité de faire « autre chose », fondée sur une « absence de temps ». Cette « impossibilité » fait partie de la conception incorporée de la communauté. Elle pose le travail comme la relégation nécessaire du travailleur dans l'espace-temps privé de son occupation, son exclusion de la participation au commun. Le miméticien apporte le trouble dans ce partage : il est un homme du double, un travailleur qui fait deux choses en même temps. Le plus important est peut-être le corrélat : le miméticien donne au principe « privé » du travail une scène publique. Il constitue une scène du commun avec ce qui devrait déterminer le confinement de chacun à sa place. C'est ce re-partage du sensible qui fait sa nocivité, plus encore que le danger des simulacres amolissant les âmes. Ainsi la pratique artistique n'est pas le dehors du travail mais sa forme de visibilité déplacée. Le partage démocratique du sensible fait du travailleur un être double. Il sort l'artisan de « son » lieu, l'espace domestique du travail, et lui donne le « temps » d'être sur l'espace des discussions publiques et dans l'identité du citoyen délibérant. Le dédoublement mimétique à l'œuvre dans l'espace théâtral consacre et visualise cette dualité. Et, du point de vue platonicien, l'exclusion du miméticien va de pair avec la constitution d'une communauté où le travail est à « sa » place.

Le principe de fiction qui régit le régime représentatif de l'art est une manière de stabiliser l'exception artistique, de l'assigner à une *tekhnè*, ce qui veut dire deux choses : l'art des imitations est une technique et non un mensonge. Il cesse d'être un simulacre, mais il cesse en même temps d'être la visibilité déplacée du travail, comme partage du sensible. L'imitateur n'est plus l'être double auquel il faut opposer la cité où chacun ne fait qu'une seule chose. L'art des imitations peut inscrire ses hiérarchies et exclusions propres dans le grand partage des arts libéraux et des arts mécaniques.

Le régime esthétique des arts bouleverse cette répartition des espaces. Il ne remet pas en cause simplement le dédoublement mimétique au profit d'une immanence de la pensée dans la matière sensible. Il remet aussi en cause le statut neutralisé de la *tekhnè*, l'idée de la technique comme imposition d'une forme de pensée à une matière inerte. C'est-à-dire qu'il remet au jour le partage des *occupations* qui soutient la répartition des domaines d'activité. C'est cette opération théorique et politique qui est au cœur des *Lettres sur l'éducation esthétique de l'homme* de Schiller. Derrière la définition kantienne du jugement esthétique comme jugement sans concept – sans soumission du donné intuitif à la détermination conceptuelle –, Schiller marque le partage politique qui est l'enjeu de l'affaire : le partage entre ceux qui agissent et ceux qui subissent ; entre les classes cultivées qui ont accès à une totalisation de l'expérience vécue et les classes sauvages, enfoncées dans le morcellement du travail et de l'expérience sensible. L'état « esthétique » de Schiller, en suspendant l'opposition entre entendement actif et sensibilité passive, veut ruiner, avec une idée de l'art, une idée de la société fondée sur l'opposition entre ceux qui pensent et décident et ceux qui sont voués aux travaux matériels.

Cette *suspension* de la valeur négative du travail est devenue au XIXᵉ siècle l'affirmation de sa valeur positive comme forme même de l'effectivité commune de la pensée et de la communauté. Cette mutation est passée par la transformation du suspens de l'« état esthétique » en affirmation positive de la *volonté* esthétique. Le romantisme proclame le devenir-sensible de toute pensée et le devenir-pensée de toute matérialité sensible comme le but même de l'activité de la pensée en général. L'art ainsi redevient un symbole du travail. Il anticipe la fin – la suppression des oppositions – que le travail n'est pas encore en mesure de conquérir par et pour lui-même. Mais il le fait dans la mesure où il est *production*, identité d'un processus d'effectuation matérielle et d'une présentation à soi du sens de la communauté. La production s'affirme comme le principe d'un nouveau partage du sensible, dans la mesure où elle unit dans un même concept les termes traditionnellement opposés de l'activité fabricatrice et de la visibilité. Fabriquer voulait dire habiter l'espace-temps privé et obscur du travail nourricier. Produire unit à l'acte de fabriquer celui de mettre au jour, de définir un rapport nouveau entre le *faire* et le *voir*. L'art anticipe le travail parce qu'il en réalise le principe : la transformation de la matière sensible en présentation à soi de la communauté. Les textes du jeune Marx qui donnent au travail le statut d'essence générique de l'homme ne sont possibles que sur la base du programme esthétique de l'idéalisme allemand : l'art comme transformation de la pensée en expérience sensible de la communauté. Et c'est ce programme initial qui fonde la pensée et la pratique des « avant-gardes » des années 1920 : supprimer l'art en tant qu'activité séparée, le rendre au travail, c'est-à-dire à la vie élaborant son propre sens.

Je n'entends pas dire par là que la valorisation moderne du travail soit le seul effet du mode nouveau de pensée de l'art. D'une part le mode *esthétique* de la pensée est bien plus qu'une pensée de l'art. Il est une idée de la pensée, liée à une idée du partage du sensible. D'autre part, il faut aussi penser la façon dont l'art des artistes s'est trouvé défini à partir d'une double promotion du travail : la promotion économique du travail comme nom de l'activité humaine fondamentale, mais aussi les luttes des prolétaires pour sortir le travail de sa nuit – de son exclusion de la visibilité et de la parole communes. Il faut sortir du schéma paresseux et absurde opposant le culte esthétique de l'art pour l'art à la puissance montante du travail ouvrier. C'est comme travail que l'art peut prendre le caractère d'activité exclusive. Plus avisés que les démystificateurs du XXᵉ siècle, les critiques contemporains de Flaubert marquent ce qui lie le culte de la phrase à la valorisation du travail dit sans phrase : l'esthète flaubertien est un casseur de cailloux. Art et production pourront s'identifier au temps de la Révolution russe parce qu'ils relèvent d'un même principe de repartage du sensible, d'une même vertu de l'acte qui ouvre une visibilité en même temps qu'il fabrique des objets. Le culte de l'art suppose une revalorisation des capacités attachées à l'idée même de travail. Mais celle-ci est moins la découverte de l'essence de l'activité humaine qu'une recomposition du paysage du visible, du rapport entre le faire, l'être, le voir et le dire. Quelle que soit la spécificité des circuits économiques dans lesquels elles s'insèrent, les pratiques artistiques ne sont pas « en exception » sur les autres pratiques. Elles représentent et reconfigurent les partages de ces activités.

Notes

1. J. Rancière, *La Mésentente. Politique et philosophie*, Paris, Galilée, 1995.

2. On peut comprendre à partir de là le paralogisme contenu dans toutes les tentatives pour déduire du statut ontologique des images les caractéristiques des arts˙ (par exemple les incessantes tentatives pour tirer de la théologie de l'icône l'idée du « propre » de la peinture, de la photo ou du cinéma). Cette tentative met en rapport de cause à effet les propriétés de deux régimes de pensée qui s'excluent. Le même problème est posé par l'analyse benjaminienne de l'aura. Benjamin établit en effet une déduction équivoque de la valeur rituelle de l'image à la valeur d'unicité de l'œuvre d'art. « C'est un fait d'importance décisive que l'œuvre d'art ne peut que perdre son aura dès qu'il ne reste plus en elle aucune trace de sa fonction rituelle. En d'autres termes la valeur d'unicité propre à l'œuvre d'art « authentique » se fonde sur ce rituel qui fut à l'origine le support de son ancienne valeur d'utilité » (*L'Œuvre d'art au temps de la reproduction mécanique*). Ce « fait » n'est en réalité que l'ajustement problématique de deux schémas de transformation : le schéma historicisant de la « sécularisation du sacré » et le schéma économique de la transformation de la valeur d'usage en valeur d'échange. Mais là où le service sacré définit la destination de la statue ou de la peinture comme images, l'idée même d'une spécificité de l'art et d'une propriété d'unicité de ses « œuvres » ne peut apparaître. L'effacement de l'un est nécessaire à l'émergence de l'autre. Il n'en suit aucunement que la seconde soit la forme transformée du premier. Le « en d'autres termes » suppose équivalentes deux propositions qui ne le sont nullement et permet tous les passages entre l'explication matérialiste de l'art et sa transformation en théologie profane. C'est ainsi que la théorisation benjaminienne du passage du cultuel à l'expositionnel soutient aujourd'hui trois discours concurrents : celui qui célèbre la démystification moderne du mysticisme artistique, celui qui dote l'œuvre et son espace d'exposition des valeurs sacrées de la représentation de l'invisible et celui qui oppose aux temps enfuis de la présence des dieux le temps du délaissement de l'« être-exposé » de l'homme.

3. cf. Raymond Bellour, « La

Chambre » , in *L'Entre-images*, 2, Paris, P.O.L., 1999.
4. « L'Inoubliable » in Jean-Louis Comolli et Jacques Rancière, *Arrêt sur histoire*, Paris, Centre Georges-Pompidou, 1997.
5. La vocation polémique anti-moderniste de cette découverte tardive de l'« origine » de la photographie, calquée sur le mythe de l'invention de la peinture par Dibutade, apparaît clairement, tant chez Roland Barthes (*La Chambre claire*) que chez Rosalind Krauss (*Le Photographique*).
6. J. Rancière, « La fiction de mémoire. À propos du *Tombeau d'Alexandre* de Chris Marker », *Trafic*, n°29, Printemps 1999, pp. 36-47.
7. Sur cette question, je me permets de renvoyer à mon livre *Les Noms de l'histoire*, Paris, Le Seuil, 1992.